BEI GRIN MACHT SICH IHR WISSEN BEZAHLT

- Wir veröffentlichen Ihre Hausarbeit, Bachelor- und Masterarbeit

- Ihr eigenes eBook und Buch - weltweit in allen wichtigen Shops

- Verdienen Sie an jedem Verkauf

Jetzt bei www.GRIN.com hochladen und kostenlos publizieren

Bibliografische Information der Deutschen Nationalbibliothek:

Die Deutsche Bibliothek verzeichnet diese Publikation in der Deutschen Nationalbibliografie; detaillierte bibliografische Daten sind im Internet über http://dnb.d-nb.de/ abrufbar.

Dieses Werk sowie alle darin enthaltenen einzelnen Beiträge und Abbildungen sind urheberrechtlich geschützt. Jede Verwertung, die nicht ausdrücklich vom Urheberrechtsschutz zugelassen ist, bedarf der vorherigen Zustimmung des Verlages. Das gilt insbesondere für Vervielfältigungen, Bearbeitungen, Übersetzungen, Mikroverfilmungen, Auswertungen durch Datenbanken und für die Einspeicherung und Verarbeitung in elektronische Systeme. Alle Rechte, auch die des auszugsweisen Nachdrucks, der fotomechanischen Wiedergabe (einschließlich Mikrokopie) sowie der Auswertung durch Datenbanken oder ähnliche Einrichtungen, vorbehalten.

Impressum:

Copyright © 2017 GRIN Verlag
Druck und Bindung: Books on Demand GmbH, Norderstedt Germany
ISBN: 9783668564992

Dieses Buch bei GRIN:

https://www.grin.com/document/378324

Anonym

Scheidungskinder. Konsequenzen einer Ehescheidung und Unterstützungsvorschläge für betroffene Kinder

GRIN Verlag

GRIN - Your knowledge has value

Der GRIN Verlag publiziert seit 1998 wissenschaftliche Arbeiten von Studenten, Hochschullehrern und anderen Akademikern als eBook und gedrucktes Buch. Die Verlagswebsite www.grin.com ist die ideale Plattform zur Veröffentlichung von Hausarbeiten, Abschlussarbeiten, wissenschaftlichen Aufsätzen, Dissertationen und Fachbüchern.

Besuchen Sie uns im Internet:

http://www.grin.com/

http://www.facebook.com/grincom

http://www.twitter.com/grin_com

Inhaltsverzeichnis

1. Einleitung 3
2. **Konsequenzen der Ehescheidung für die betroffenen Familien** 4
   2.2 Veränderungen der Lebensbedingungen 4
       2.2.1 Überforderung der alleinerziehenden Elternteile 4
       2.2.2 Finanzielle Situation und Erwerbstätigkeit 4
       2.2.3 Wohnsituation und soziale Netzwerke 4
3. **Reaktionen und Auswirkungen der Scheidung** 5
   3.1 Altersspezifische Reaktionen 5
       3.1.1 Vorschulkinder 6
   3.2 Langzeitfolgen 7
       3.2.1 Negative Folgen 7
       3.2.2 Positive Folgen 7
4. **Soziale Unterstützung der Scheidungskinder in Tageseinrichtungen** ... 8
   4.1 Verhaltensänderungen wahrnehmen 8
5. **Schluss/Fazit** 10
6. **Literaturverzeichnis** 12
7. Anhang 14

1. Einleitung

„Der Tag, an dem sich meine Eltern scheiden ließen, war das Ende meiner Kindheit", erklärten die Kinder, die an einer Untersuchung von Judith Wallerstein, welche sich auf eine der bislang umfangreichsten Langzeitstudie über Ehescheidungen und deren Auswirkungen bezieht, teilgenommen haben.
Scheidungen prägen das Leben vieler Kinder und Erwachsenen, welche meist unter psychischen Problemen, die durch eine Scheidung ausgelöst werden, leiden.[1]
Eine der wichtigsten Erkenntnisse, zu denen die Autorin durch ihre Untersuchung gelangt ist, beinhaltet, dass viele Scheidungsfolgen, unter denen die betroffenen Kinder leiden, sich im Leben dieser Kinder niederschlagen und durch Bemühungen der Eltern um eine „gute Scheidung" nicht auszuschließen sind.
Viele junge Erwachsene noch heute mit tiefem Bedauern auf eine schwierige Kindheit und eine verwirrende Jugend zurück.[2]

Zahlen des statistischen Bundesamtes belegen, dass alleine im Jahr 2015 von 163 335 geschiedenen Ehen in Deutschland, insgesamt rund 132 000 minderjährige Kinder betroffen waren.[3]
Auch ich bin ein Scheidungskind. Meine Eltern trennten sich, als ich vier Jahre alt war. Als Kind habe ich versucht, trotz Trennung der Eltern, mit beiden Elternteilen in Kontakt zu bleiben. Auch mit den neuen Familien, die zum Beispiel durch eine erneute Heirat eines Elternteils entstehen, musste ich versuchen zurechtzukommen. Für mich waren damals meine Eltern zwei völlig unterschiedliche Menschen, die an zwei unterschiedlichen Orten wohnen. Da die moralischen Wertvorstellungen, die meine beiden Eltern mir zu vermitteln versucht haben sich einander häufig widersprachen, musste ich selber Werte entwickeln und den Mut aufbringen, auf mein Urteil zu vertrauen und meinen eigenen Weg zu finden. Auch hatte ich immer das Gefühl, für meine leidenden Eltern sorgen zu müssen. Auch das ständige Hin und Her zwischen zwei Elternhäusern, fiel mir schwer und tat mir nicht gut. Da meine Eltern relativ nah beieinander wohnten, hatte ich jedes Mal die Sorge die Gefühle des einen zu verletzen, wenn ich beschlossen hatte, den anderen Elternteil zu besuchen. Es war schwer zu akzeptieren, dass meine beiden Eltern, die mich beide liebten, aber füreinander keine Liebe mehr empfanden, sich ein neues Leben aufzubauen versuchten.
Mit der Thematik „Scheidung" möchte ich mich daher aus dem einen Grund befassen, da ich wie oben schon genannt selber ein Scheidungskind bin und aus dem anderen Grund, um vielleicht die ein oder andere Sache dadurch besser verstehen und begreifen zu können.
Zu Beginn meiner Recherche zu diesem Thema stellte sich mir vor allem die Frage, welche Folgen die Scheidung für das Kind haben und ob sich altersspezifische Unterschiede in verschiedenen Punkten feststellen lassen. Und wie wir als pädagogische Fachkräfte den betroffenen Kindern helfen können.

---

[1] vgl. Marquardt Elizabeth 2011, S.8
[2] vgl. Marquardt Elizabeth 2011, S.15
[3] vgl. Statistisches Bundesamt auf www.destatis.de und Anhang Abbildung 1&2 Statistisches Bundesamt 2011

2. Konsequenzen der Ehescheidung für die betroffenen Familien

2.2 Veränderungen der Lebensbedingungen

2.2.1 Überforderung der alleinerziehenden Elternteile

Da nach einer Scheidung meist ein Elternteil mit dem Kind alleine bleibt, muss von nun an alles ohne die Hilfe des Partners klappen. Das nun sorgeberechtigte Elternteil muss von jetzt an den Alltag selbstständig organisieren und somit auch die Arbeit machen, die davor zwei gemacht haben. Hierbei sind oft häusliche Desorganisation und Überlastung die Folge. Die praktischen Lebensprobleme wie z.b. die Neustrukturierung des Alltags ohne den Partner an der Seite gehören mit zu den größten Stressbelastungen in der ersten Phase der Scheidung.

2.2.2 Finanzielle Situation und Erwerbstätigkeit

Das Vermögen, welche beide Elternteile über die Jahre zusammen angespart haben, muss nun aufgeteilt werden. Hierbei stellt sich immer wieder die Frage, wer was bekommt. Der sorgeberechtigte Elternteil muss im schlimmsten Fall zusätzlich meist noch selbst arbeiten gehen, um die schlechte finanzielle Situation auszugleichen. Insbesondere die Doppelbelastung von Erwerbstätigkeit und der Ausübung der Elternrolle führt oft zur Erschöpfung. Hierbei kommen meist noch Probleme der Kinderbetreuung dazu. Die allein erziehenden Eltern sind auf Krippen, Kindergärten und Horte angewiesen.

2.2.3 Wohnsituation und soziale Netzwerke

Aufgrund der meist vorhandenen finanziellen Schwierigkeiten, müssen viele alleinerziehende Elternteile die vertraute Umgebung verlassen, um in kleinere und preisgünstigere Wohnungen zu ziehen.[4] Die meisten Kinder wohnen nach der Trennung ihrer Eltern bei der Mutter und dürfen bei diesem Punkt auch wenig mitbestimmen.[5] Auch für die betroffenen Kinder hat dies Folgen. Auch sie verlieren ihre gewohnte Umgebung. Dies hat zur Folge, dass sie ihre bereits bestehenden sozialen Beziehungen beenden müssen. Auch das Zimmer, welches sie davor hatten, fällt jetzt vielleicht kleiner aus. Somit haben sie immer weniger Möglichkeiten die Freizeit in der Wohnung zu verbringen. Auch ob die Kinder Freunde oder Freudinnen zu sich nach Hause einladen können ist bedingt durch die Größe und Ausgestaltung der Wohnung und des Kinderzimmers, als auch durch die dort vorhandenen Spielmöglichkeiten.
Somit verhindern Platzmangel und die tägliche Überlastung des allein erziehenden Elternteils sehr häufig den sozialen Kontakt zu gleichaltrigen Spielgefährten.
Statt neue Freundschaften zu schließen, greifen die Kinder immer häufiger zu Fernseher oder Computer.[4] Die Scheidung zieht eine Reihe von Folgen, welche vor allem die Kinder betreffen, nach sich. Auf all diese Probleme, welche eine Scheidung mit sich bringt, reagiert jedes Kind anders. Die Kinder müssen von jetzt an lernen, mit der neuen Situation umzugehen und diese zu akzeptieren.

---

[4] vgl. Humberg Josefine 2010, S.8
[5] vgl. Statistik 2&3 im Anhang

3. Reaktionen und Auswirkungen der Scheidung

Das Erleben von Trennung und Scheidung und die damit verbundenen Auswirkungen für die betroffenen Kinder wurden mehrfach in Langzeitstudien untersucht. In diesem Punkt werde ich spezifisch auf die Erkenntnisse einer Langzeitstudie über Ehescheidungen und deren Auswirkungen, welche ich in der Einleitung schon kurz erwähnt habe, eingehen.

Die untersuchten Ehepaare waren zum Zeitpunkt der Scheidung durchschnittlich elf Jahre verheiratet und ihre Kinder zwischen einem und 18 Jahren alt gewesen und wurden von der amerikanischen Psychologin Judith Wallerstein über einen Zeitraum von 10 Jahre erforscht.

Nahezu alle Kinder gaben an, dass ihre Kindheit und ihr Erwachsenwerden unter dem „Schatten der Scheidung" standen.

Viele bekannte Verhaltensweisen von Scheidungskindern wurden in der Studie bestätigt. Als typische emotionale Reaktionen der betroffenen Kinder, wurden Wut, Trauer, Angst davor verlassen zu werden, Schuldgefühle, Misstrauen, Selbstwert- und Loyalitätskonflikte, festgestellt. Schlafstörungen, Bettnässe und Daumennuckeln waren häufig die Folgen. Auch der Verlust eines Elternteils, meist dem Vater, ist eine Folge der Scheidung der Eltern.

Judith Wallerstein fand außerdem heraus, dass Mädchen und Jungen unterschiedliche Reaktionen auf die elterliche Scheidung zeigen.

Jungen fällt es z.B. schwer, ihre vermutlich durch die Scheidung entstandenen Aggressionen zu zügeln und ein normales Verhalten gegenüber Bezugspersonen zu entwickeln. Zudem fand sie heraus, dass die Reaktionen auf eine Trennung der Eltern stark davon abhängig sind, in welchem Entwicklungsstadium sich das entsprechende Kind befindet, dass wiederum abhängig vom Alter des Kindes ist.

3.1 Altersspezifische Reaktionen

Bei heranwachsenden Mädchen entdeckte Judith Wallerstein z.B. eine Spätreaktion, die sie den „sleeper effect" nannte. Diese Mädchen waren zum Zeitpunkt der Scheidung noch nicht zehn Jahre alt gewesen und hatten in der Folgezeit den Eindruck erweckt, die Trennung der Eltern gut verarbeiten zu können. Zehn Jahre später, bei den ersten ernsthaften Liebesgefühlen, entwickelten die Mädchen häufig Angst- und Schuldgefühle. Sie schreckten vor der Ehe zurück. Sie glaubten an die wahre Liebe, hatten jedoch Angst betrogen zu werden.[6]

---

[6] vgl. Studie Judith Wallerstein 1989; Buch von Marquardt Elizabeth 2011

3.1.1 Vorschulkinder

Auf die Reaktionen der Kinder im fünften bis sechsten Lebensjahr (Vorschulkinder) möchte ich in diesem Punkt genauer eingehen. Die Reaktionen bei Vorschulkindern sind unterschiedlich. Die einen ziehen sich zurück, während andere eher trotzig, traurig und depressiv reagieren. In diesem Alter sind Aggressivität, verändertes Sprechverhalten, Phobien, Depressionsneigung oder psychomotorische Störungen, wie z.B. Bauchweh, Erbrechen, Kopfschmerzen, Ruhelosigkeit, Alpträume oder Bettnässe, die häufigsten Reaktionen.[7] Das aggressive Sozialverhalten wird deutlich häufiger bei Jungen beobachtet, während die Mädchen häufiger durch soziale Anpassung auffallen, bzw. nicht auffallen.[8] Auch eine erhöhte Irritierbarkeit und häufiges Weinen können auftreten. Kinder in diesem Alter leiden zudem oft unter starken Angstzuständen und Trennungsängsten, die sich in einem anklammernden Verhalten äußern. Die Kinder haben die Befürchtung, dass sie die Mutter auch noch verlieren könnten.

Zudem verstehen Kinder in diesem Alter oftmals die Gründe für die Trennung nicht. Sie können nicht nachvollziehen, warum beispielsweise Streit der Grund für die Trennung ist. Denn sie selbst haben oft Streitigkeiten mit Spielkameraden oder Geschwistern und versöhnen sich anschließend auch wieder.[9]

Auch im Kindergarten macht sich ein Verhalten bemerkbar. Die Kinder sind oft ängstlich, inaktiv und unaufmerksam. Schon bei der Bringsituation kann sich ein bestimmtes Verhalten bemerkbar machen. Das Kind kann sich hier sehr schlecht vom Elternteil trennen und hat Angst, dass er abends nicht wiederkommt. Auch wenn ein anderes Kind abgeholt oder gebracht wird, verhält sich das Kind anders als sonst.

Beim Montagskreis erzählt das Kind nicht mehr vom Wochenende oder erwähnt nur noch einen Elternteil oder erzählt Phantasiegeschichten. Auch Veränderungen im Spielverhalten zeigen sich. Wenn beispielsweise beim Puppenspiel Trennungssituationen dargestellt werden, verhält sich das Kind dabei abwehrend, stört, hält sich die Ohren zu usw. Zudem suchen die Kinder vermehrt die Aufmerksamkeit und Nähe der ErzieherInnen.[10] Auch Judith Wallerstein fand in diesem Alter der Kinder heraus, dass sie enorme Angst zeigen, verlassen zu werden. Viele Kinder waren gegenüber jüngeren Geschwistern oder Spielkameraden zänkisch, andere wurden traurig und kapselten sich ab, weil sie die Scheidung der Eltern unbewusst ihrem eigenen Verhalten und Benehmen zuschreiben. Kinder fühlten sich zudem zurückgestoßen oder verpflichten, für Vater oder Mutter Partei zu ergreifen.[11]

Zusammenfassend lässt sich sagen, dass die Trennung der Eltern deutliche und zum größten Teil sichtbare Reaktionen auslösen kann. Aus diesen Reaktionen, welche die Kinder bei einer Scheidung der Eltern zeigen, entwickeln sich psychische Folgen, welche die Kinder ihr ganzes Leben lang begleiten.

---

[7] vgl. Humberg Josefine 2010, S.21
[8] vgl. Humberg Josefine 2010, S.30
[9] vgl. aus: Schmitt, Martina (1997) auf www.pantucek.com
[10] vgl. Ingeborg Becker und Martin R. (o.J.) auf http://www.kindergartenpaedagogik.de
[11] vgl. Studie Judith Wallerstein 1989; Buch von Marquardt Elizabeth 2011

3.2 Langzeitfolgen

3.2.1 Negative Folgen

In diesem Punkt gehe ich wieder spezifisch auf die Beobachtungen von Judith Wallerstein ein. Auch sie konnte in ihrer Studie festhalten, welche Langzeitfolgen sich bei Scheidungskindern bemerkbar machen. Auffällig innerhalb der 10 Jahre war, dass von den Scheidungskindern im Alter zwischen 19 und 24 Jahren mehr als ein Drittel keinen klaren Lebenszielen nachstrebte, vorzeitig von der Schule abgegangen war, sich mit Gelegenheitsjobs durchschlug. Sie waren hilf- und richtungslos.
20 Prozent konsumierten erhebliche Mengen an Alkohol. Zwischen 10 und 30 Prozent verhielten sich kriminell. Sie stahlen, legten Feuer, handelten mit Drogen oder prostituierten sich. Eins ist allen befragten Scheidungskindern gemeinsam: Sie entwickelten ausgesprochene konservative Moralvorstellungen. Die Kinder scheinen erreichen zu wollen, was ihren Eltern misslungen war – eine gute Ehe, die auf romantischer Liebe und verlässlicher Treue basiert. Mehrheitlich gaben die Scheidungskinder an, erst Kinder zu bekommen, wenn ihre Ehe sich als haltbar erweist.
40 Prozent der 19- bis 29jährigen Scheidungskinder hatten sich in psychotherapeutische Behandlung begeben, um Beziehungsprobleme auszuräumen, da ihnen ihre dauerhafte Partnerschaft ernst war.[12] Da die Kinder ihre Eltern sehr oft in einem Verletzlichen Zustand gesehen haben, wollen sie selber niemals zulassen, dass sie selber so verletzt werden. Auch wenn man weiß, dass man geliebt wird, müssen Scheidungskinder es hören sehen und fühlen. Der Gedanke, für immer und ewig mit jemandem zusammen zu sein, macht vielen Scheidungskindern Angst, da sie bei ihren Eltern gesehen haben, dass eine Beziehung nicht von Dauer ist. Doch die Sehnsucht nach der großen und vollkommenen Beziehung haben Scheidungskinder trotzdem, wie auch die Zweifel daran.[13] Doch die Scheidung der Eltern hat für die betroffenen Kinder nicht nur negative Folgen.

3.2.2 Positive Folgen

Judith Wallerstein kam in ihrer Studie zu der Erkenntnis, dass die Trennung der Eltern durchaus auch positive Folgen für die Entwicklung des Kindes haben kann.[14]
Auch Kelly Hetherington konnte in ihrer Studie feststellen, dass das Kind von dem Erwerb geeigneter Bewältigungsstrategien, den die Auflösung der Familie erfordert, einen Nutzen zieht. Solche Kinder seien viel reifer, belastungsfähiger und verantwortungsbewusster als Nicht-Scheidungskinder.[15] All diese Reaktionen können von den Eltern, Familienmitgliedern und auch von den pädagogischen Fachkräften in den Einrichtungen wahrgenommen werden. Wenn man diese Reaktionen des Kindes oder auch dem schon Erwachsenen Scheidungskind erkennt ist es wichtig, dass man es in der schwierigen Situation, in dem es sich gerade befindet, unterstützt.

---

[12]vgl. Der Spiegel Nr.5 (1989) auf http://www.spiegel.de
[13]vgl. Nina Damsch auf http://www.huffingtonpost.de
[14]vgl. Studie Judith Wallerstein 1989; Buch von Marquardt Elizabeth 2011
[15]vgl. Hetherington Kelly zit. nach Bünger 2008, S.19

4. Soziale Unterstützung der Scheidungskinder in Tageseinrichtungen

4.1 Verhaltensänderungen wahrnehmen

Wenn die ErzieherInnen die oben genannten Reaktionen des Kindes bemerken, sollten sie bei der Vermutung auf eine Elterliche Trennung auf das Verhalten der Eltern achten, denn auch diese werden womöglich ein verändertes Verhalten zeigen. Oft geht der Elternteil der Erzieherin aus dem Weg, erscheint nicht mehr zu Elternabenden und nimmt sich auch keine Zeit für Gespräche mit dem Erzieher oder der Erzieherin. Zudem kann es auch vorkommen, dass plötzlich nur noch ein Elternteil das Kind bringt und abholt oder aber ein Elternteil zu späten Zeiten sich besonders lange im Kindergarten aufhält und man das Gefühl hat, er sucht das Gespräch zu den Erziehern. Oft wenden sich die Eltern auch eigenständig an die ErzieherInnen und bitten um Rat, da ihr Kind zu Hause ein auffälliges Verhalten zeigt.[16] Außerdem kann es passieren, dass der leibliche Vater die Kinder nicht mehr abholt und es deshalb zu Streitigkeiten kommt, indem beispielsweise der Vater trotzdem kommt und auf die Mutter ein schimpft, da er sein Kind sehen und mit ihm sprechen möchte. Es kann zu Auseinandersetzungen kommen mit Anschreien und Gewaltdrohungen. Dabei kann es passieren, dass das Kind dies mitbekommt und sich hilfesuchend an die Erzieherin klammert. Diese Situationen können für die ErzieherInnen zu einer zusätzlichen Herausforderung werden. Trotz allem gilt es für die ErzieherInnen, das Kind zu stärken und zu erkennen, was es bedrückt und belastet. Zudem müssen sie sich auf die neue familiäre Situation einstellen, ohne zu stark in die Privatsphäre einzudringen. Fragen wie:

- Kann ich das Kind alleine stärken?
- Wie arbeite ich mit beiden Eltern weiter zusammen?
- Muss ich Partei ergreifen?
- Welche Rolle spielen neue Partnerinnen und Partner?
- Mit welchen Facheinrichtungen und Institutionen kann ich kooperieren um Hilfe anzubieten?

gehen einer Erzieherin und/oder einem Erzieher in solch einer Situation durch den Kopf.[17] Auch welches der beiden Elternteile das Sorgerecht für das Kind haben, muss eine Erzieherin ein Erzieher wissen, da dies besonders für die Abholsituation wichtig ist. Hier wird zwischen dem gemeinsamen Sorgerecht und dem alleinigem Sorgerecht unterschieden.[18]

---

[16] vgl. Ingeborg Becker und Martin R. auf www.kindergartenpaedagogik.de
[17] vgl. A. Krenz und I. M. Burtscher (Hrsg.) auf www.edidact.de
[18] vgl. C. Sieger und F. Breitfeld auf www.kita-fuchs.de

Zudem ist es wichtig, dass die betroffenen Kinder offen über ihre Gefühle sprechen können. Auch an dem geregelten Tagesablauf sollte nichts verändert werden, da das Kind so viel Gewohntes und so viel Sicherheit wie möglich braucht. Auch Kinderbücher, welche die Themen wie Trennung und Scheidung kindgerecht behandeln, könnte eine Erzieherin mit dem betroffenen Kind anschauen um somit dem Kind die Möglichkeit zu geben, die Situation besser begreifen zu können. Da durch eine Trennung das Selbstwertgefühl des Kindes leidet ist es wichtig, dieses zu stärken indem man das Kind beispielsweise lobt, ihm Verantwortung überträgt und Erfolgserlebnisse. Dies ermöglicht dem Kind sein Selbstwertgefühl wieder aufzubauen.[19]

---

[19] vgl. auf www.familien-welt.de

5. Schluss/Fazit

Zusammenfassend ist zu sagen, dass in den meisten Fällen einer Scheidung die Kinder nicht die eigentliche Trennung belastet, sondern die damit verbundenen Veränderungen in ihrer Lebenssituation. Oft haben die Kinder in dieser schwierigen Lebensphase niemanden, mit dem sie über ihre Gefühle sprechen können und der Verständnis für ihre Situation hat. Nicht nur, dass das Kind die alltägliche Beziehung zu dem Vater verliert, es muss außerdem mit den veränderten Lebensbedingungen zurechtkommen, die beispielsweise durch einen Umzug und das daraus veränderte soziale Umfeld noch weiter verstärkt werden.[20] Das neue Leben des Kindes beinhaltet neue Aufgaben. Oft kommt es hierbei zu Verhaltensauffälligkeiten. Hat das Kind in dieser Zeit eine feste Bezugsperson und lebt nach der Scheidung in einem strukturierten Umfeld, ist die Wahrscheinlichkeit geringer, dass solche Verhaltensauffälligkeiten auftreten.[21] Auch konnte man im Verlauf meiner Arbeit sehen, dass jedes Kind die Scheidung der Eltern anders erlebt was beispielsweise abhängig ist vom Geschlecht und Alter des betroffenen Kindes. Gerade im Alter haben sich enorme Unterschiede auf die Reaktionen der betroffenen Kinder feststellen lassen. Die Jüngeren Kinder reagieren anderes als Kinder, die in ihrem Entwicklungsstand schon etwas reifer sind.

Zudem ist es wichtig, dass die Eltern aber auch die pädagogischen Fachkräfte die betroffenen Kinder ernst nehmen, und die sich zeigenden Reaktionen der Kinder wahrnehmen und aufgreifen. An dieser Stelle möchte ich zum Abschluss meiner Arbeit das Thema präventive Gruppenprogramme für Scheidungskinder kurz ansprechen.

Hierbei geht es nicht um Beratungs- und Therapieangebote für Kinder mit scheidungsbedingten Auffälligkeiten, sondern um ein begleitendes, präventives Angebot, welche z.B. die pädagogischen Fachkräfte in der Einrichtung anwenden können um den Kindern zu helfen.

Eine entscheidende Rolle bei der Verarbeitung der Scheidung spielt die Symbolisierung von Gefühlen. Hiermit ist der Ausdruck der inneren Vorgänge und Gefühle durch Zeichnen, Spielen, Bilderbücher oder Phantasieren gemeint, die auch die Kommunikationsbereitschaft der Kinder fördern. Dies macht es den Eltern und Pädagogen auch einfacher zu verstehen, was in dem Kind vorgeht, um so besser auf seine Probleme eingehen zu können.

Bei dieser Art von Angebot werden die Gefühle der Kinder anschaubar gemacht, um so dem Kind einen besseren Umgang mit diesen zu ermöglichen. Wichtig hierbei ist, präsent zu sein, wenn das Kind über sein Bild kommunizieren möchte. Es könnte nämlich sein, dass das Kind nun bereit ist, über seine Emotionen und Gefühle zu sprechen. Für die ErzieherInnen ergibt sich hier die Möglichkeit, etwas über das Scheidungskind und seine Gefühle nach der Scheidung der Eltern zu erfahren. Die Hauptsache als Pädagoge ist es also, das Kind zu verstehen und zu beruhigen, indem man es dazu befähigt, symbolisch zu kommunizieren.[22]

---

[20] vgl. Humberg Josefine 2010, S.7-9
[21] vgl. Studie Judith Wallerstein 1989; Buch von Marquardt Elizabeth 2011
[22] vgl. o.V. auf http://www.heilpraxisnet.de

Es wird also deutlich, dass es unbedingt notwendig ist, dass das Kind jemanden hat, der es in der schwierigen Zeit seines Lebens unterstützt.

Um noch einmal auf das Eingangszitat Bezug zu nehmen[23]: Eine Scheidung stellt für die betroffenen Kinder immer eine große Belastung dar, welche die gesamte Kindheit, die Jugend und auch das weitere Erwachsenwerden beeinflusst. Auch wenn die Eltern sich um eine „gute" Scheidung bemühen und versuchen die Erziehung ihrer Kinder einvernehmlich und kooperativ zu organisieren , geht die Situation nicht spurlos an dem Kind vorbei. Das Kind wird immer gewisse „Naben" bei sich tragen, die niemals heilen werden auch wenn die Eltern so gut es geht versuchen, es soweit nicht kommen zu lassen.

---

[23]vgl. Marquardt Elizabeth 2011, S.8

6. Literaturverzeichnis

Literatur:

o Humberg, Josefine (2010): Scheidung ohne Tränen? – Auswirkungen elterlicher Trennung auf das Sozialverhalten der Kinder
Verlag: Diplomica Verlag GmbH, Hamburg

o Marquardt, Elizabeth (2011): Kind sein zwischen zwei Welten – Was im Inneren von Kindern geschiedener Eltern vorgeht
Verlag: Junfermann

o Bünger, Katrin (2008): Soziale Arbeit mit Trennungs- und Scheidungskindern
Verlag: Vdm Verlag Dr. Müller: Saarbrücken

Internet:

o Statistisches Bundesamt (2017): Pressemitteilungen - Ehescheidungen nahmen 2015 um 1,7 % ab - Statistisches Bundesamt (Destatis)
Online im Internet:
URL:https://www.destatis.de/DE/PresseService/Presse/Pressemitteilungen/2016/07/PD16_249_12631.html
Abgerufen am: 15.03.2017

o Aus: Schmitt, Martina (1997): Präventive Methoden in der Gruppenarbeit mit Kindern in Trennungs- und Scheidungssituationen. In: Krieger, Wolfgang (Hg.): Elterliche Trennung und Scheidung im Erleben von Kindern: Sichtweisen – Bewältigungsformen – Beratungskonzepte. Berlin. S. 11-76.
Altersspezifische Reaktionen von Kindern auf Trennung und Scheidung
Online im Internet:
URL:http://www.pantucek.com/seminare/200406juwotirol/material/KidsinTrenng_alter.doc
Abgerufen am: 18.03.2017

o Ingeborg Becker und Martin R. (o.J.):Der Scheidungszyklus und seine Auswirkungen auf das Kindergartenkind aus: Aus: Wehrfritz Wissenschaftlicher Dienst 1989, Nr. 43, S. 5-8
Online im Internet:
URL: http://www.kindergartenpaedagogik.de/405.html
Abgerufen am: 18.03.2017

- Der Spiegel Nr.5 (1989): Scheidung: Späte Folgen bei den Kindern - DER SPIEGEL
  Online im Internet:
  URL: http://www.spiegel.de/spiegel/print/d-13496707.html
  Abgerufen am: 16.03.2017

- Nina Damsch (2016): 13 Gründe, warum Scheidungskinder anders mit Liebe umgehen
  Online im Internet:
  URL: http://www.huffingtonpost.de/2016/02/29/story_n_9346142.html
  Abgerufen am: 18.01.2017

- A. Krenz und I. M. Burtscher (2014) in Handbuch für ErzieherInnen
  Ausgabe 77, S.24: Trennungs- und Scheidungskinder in Kindergarten und Hort Verlag: OLZOG Verlag GmbH
  Online im Internet:
  URL: http://www.edidact.de/contentBase/edidact/vorschau/5-15-15-77-3.pdf Abgerufen am: 19.03.2017

- Christina Sieger und Franziska Breitfeld (2016): Wenn zwei sich streiten – Wie Kita-Mitarbeitende bei Trennung und Scheidung den Überblick behalten
  Online im Internet:
  URL: https://www.kita-fuchs.de/ratgeber-paedagogik/beitrag/wenn-zwei-sich-streiten-wie-kita-mitarbeitende-bei-trennung-und-scheidung-den-ueberblick-behalte/
  Abgerufen am: 19.03.2017

- o.V. (2017): Scheidungskindern helfen
  Online im Internet:
  URL: http://www.familien-welt.de/familie/ratgeber/2275-scheidungskinder
  Abgerufen am: 19.03.2017

- o.V. (2016): Ehescheidungen nahmen 2015 um 1,7 % ab 7 – Statistisches Bundesamt, Wiesbaden 2016
  Online im Internet:
  URL: https://www.destatis.de/DE/PresseService/Presse/Pressemitteilungen/2016/07/PD16_249_12631.html
  Abgerufen am: 20.01.2017

- https://www.welt.de/img/politik/deutschland/mobile158357394/3181622867-ci23x11-w960/Scheidungskind.jpg
  Abgerufen am 19.03.2017

- o.V. (o.J.): Therapeutisches Malen Online im Internet:
  URL: http://www.heilpraxisnet.de/naturheilverfahren/therapeutisches-malen/
  Abgerufen am 20.03.2017

7. Anhang

| Jahr | Insgesamt | Und zwar | | durchschnittliches Alter der geschiedenen | | durch-schnittliche Ehedauer | zusammengefasste ehedauer-spezifische Scheidungsziffer[1] |
| | | mit minderjährigen Kindern | betroffene minderjährige Kinder | Männer | Frauen | | |
	Anzahl			Jahre			
1990	154 786	80 713	118 340	38,5	35,7	11,5	273,8
1995	169 425	92 664	142 292	39,5	36,8	12,1	308,6
2005	201 693	99 250	156 389	43,0	40,3	13,6	403,7
2014	166 199	84 042	134 803	45,9	42,9	14,7	353,6
2015	163 335	82 019	131 749	46,3	43,3	14,9	347,1

[1] Summe der ehedauerspezifischen Scheidungsziffern, die sich als geschiedene Ehen eines Eheschließungsjahrgangs je 1 000 geschlossene Ehen desselben Jahrgangs für die Ehedauer von 0 bis 25 Jahren ergeben.

Tabelle 1: Ehelösung in Deutschland seit 1990: Statistisches Bundesamt 2016, Wiesbaden auf www.destatis.de

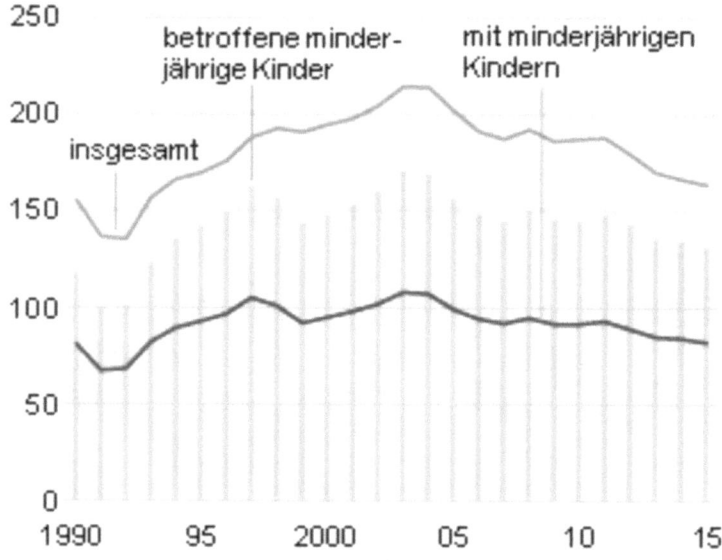

Abbildung 1: Ehescheidungen: Statistisches Bundesamt 2016, Wiesbaden auf www.destatis.de

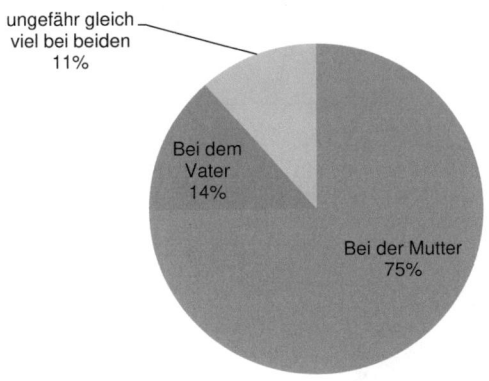

Statistik 2: vgl. Elizabeth Marquardt, S.240

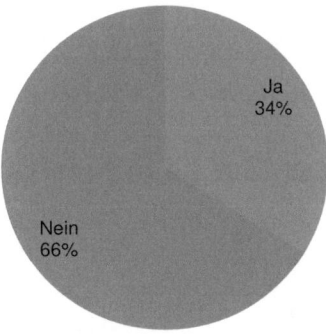

Statistik 3: vgl. Elizabeth Marquardt, S.221

BEI GRIN MACHT SICH IHR WISSEN BEZAHLT

- Wir veröffentlichen Ihre Hausarbeit, Bachelor- und Masterarbeit

- Ihr eigenes eBook und Buch - weltweit in allen wichtigen Shops

- Verdienen Sie an jedem Verkauf

Jetzt bei www.GRIN.com hochladen und kostenlos publizieren